GUIDE

RÉPUBLICAIN

DES CITOYENS

OUVRIERS ET TRAVAILLEURS

ÉLECTEURS DU DÉPARTEMENT,

CONVERSATION, DANS UNE ASSEMBLÉE PRÉPARATOIRE,
ENTRE OUVRIERS, PATRONS ET ÉLECTEURS.

PAR B. MARTIN,

INGÉNIEUR CIVIL.

Enseignements et conseils aux Ouvriers électeurs. — Capacités et vertus républicaines des candidats. — Garanties à exiger des représentants du peuple.

Le devoir d'un citoyen républicain est d'aider et d'éclairer ses frères.

Liberté, égalité, fraternité.

EN VENTE CHEZ TOUS LES LIBRAIRES,

AU PROFIT DES OUVRIERS NÉCESSITEUX.

L'auteur distribuera gratuitement un grand nombre d'exemplaires aux ouvriers.

PRIX : 25 CENTIMES.

MARS 1848.

1848

GUIDE RÉPUBLICAIN

DES

CITOYENS OUVRIERS ET TRAVAILLEURS,

ÉLECTEURS DU DÉPARTEMENT.

JEAN. Maintenant, que nous sommes tous électeurs, que faut-il faire?

ELOI. Il s'agit d'envoyer à Paris sept citoyens pour représenter notre département; ils seront choisis à la majorité des voix de tous les individus, indistinctement, ayant l'âge de raison, c'est-à-dire, d'après la loi, pas moins de vingt-un ans.

Mais il faut bien nous entendre pour désigner de vrais républicains, des hommes qui ont fait preuve de capacité par leurs œuvres, et de probité par leur dévouement aux ouvriers.

TOUS. Bravo! c'est cela. Il ne faut pas nous contenter de belles promesses de la part des candidats à notre représentation; exigeons d'eux des preuves et des garanties.

ELOI. La difficulté est de bien les distinguer. Or, c'est parce que nous sommes les plus intéressés à faire un bon choix, que le ministre nous recommande de ne pas nous laisser influencer ni tromper à cet égard.

JEAN. Oh! il n'y a pas de danger. Bien fin celui qui

nous fera voir d'autres couleurs que les couleurs natio-
nales.

Tous. C'est bien vrai; mais, nous autres, que pou-
vons-nous faire seuls?

Eloi. Seuls! Mais ne formons-nous pas la majorité
de la population, nous autres travailleurs? Peut-il
s'en trouver un seul parmi nous qui manque de corps
et d'âme pour s'associer à nos sentiments, lorsqu'il
s'agit du salut de tous, et pour nommer les candidats
les plus dignes de notre confiance sous tous les rapports?

Tous. Cela n'est pas possible, et d'ailleurs ils ne
seraient pas en majorité.

Eloi. Dans tous les cas, il faut que les candidats
s'attendent à être bien épluchés par nous autres.

Tous. Oui : ils n'auront nos suffrages qu'autant
qu'ils les mériteraient bien par leurs antécédents.

Paul. Je n'ai encore rien compris au but des assemblées préparatoires.

Eloi. C'est bien simple. On a désigné quelques
personnes des plus connues dans l'assemblée pour
composer un bureau; elles sont chargées de diriger
les séances et de donner des renseignements sur les
candidats qui se mettent sur les rangs. Il faut bien
procéder par ordre, pour que toutes les opinions et
les lumières qui doivent nous éclairer soient exposées
aux séances.

Jean. Mais devons-nous nous en rapporter aux
avis du bureau sur le choix des candidats?

Eloi. Oh non ; nous devons, au contraire, ne nous diriger que d'après nos propres et libres convictions. Consultons le patron.

Le patron Nicolet. Mes amis, le but que vous devez vous proposer est de choisir des représentants pour votre pays qui aient la volonté et la science de fonder l'organisation du travail sur les bases les plus équitables, les plus naturelles et les plus solides. Cette organisation doit subvenir désormais à tous vos besoins, et vous assurer les moyens d'élever vos enfants et de les faire participer à tous les avantages de l'instruction, sans qu'il vous en coûte rien.

Vous n'ignorez pas que la grande révolution qui s'est accomplie est due au courage héroïque et au noble dévouement de vos frères de Paris ; ils ont versé leur sang pour sauver la France du despotisme corrupteur auquel un roi parjure et des ministres infâmes l'avaient livrée.

Sous ce régime, les travailleurs, opprimés et asservis par un pouvoir avide de leurs sueurs, étaient considérés comme les esclaves des riches gorgés d'or et de faveurs, tandis que les pauvres ouvriers étaient trop souvent réduits à la misère et à tous les maux qu'elle entraîne.

Ces généreux travailleurs, qui sont tombés victimes de leur dévouement, ont conquis pour leurs confrères du peuple en général les droits qui leur étaient dûs depuis long-temps par la société, droits qui doivent les garantir désormais, ainsi que leurs familles, du dénûment, de l'ignorance, et de l'avilissement dans lequel ils étaient plongés.

Voilà pourquoi, mes amis, vous êtes appelés à désigner vous-mêmes des représentants qui s'adjoindront aux hommes courageux et honorables qui gouvernent la France, pour rétablir la confiance, la marche des affaires, et créer de nouvelles lois protectrices de l'existence des ouvriers.

Vous êtes les producteurs d'une grande partie de la richesse nationale, vous êtes aussi ses plus utiles soutiens par votre travail et vos talents : on ne pourrait donc, sans la plus grande injustice, ne pas vous appeler à choisir parmi vous ceux des plus intelligents et des plus honorables qui pourront éclairer le gouvernement sur vos besoins comme sur vos peines.

D'ailleurs, n'êtes-vous pas tous les citoyens de la France? A ce titre vous avez les mêmes droits. L'intelligence et le travail méritent toutes les sympathies. La chambre des représentants, qui n'était composée naguère que des protecteurs des priviléges de la fortune, doit recruter désormais ses représentants parmi les hommes utiles, les producteurs.

Paul. Mais, patron, nous serons donc tous riches?

Nicolet. Non; mais il n'y aura plus de misère, cette plaie sociale qui engendre tous les vices; et vous pourrez acquérir de l'aisance, si vous travaillez assidûment, en mettant de l'ordre dans votre vie, ou si la Providence, qui est impartiale pour tous, vous a accordé les faveurs d'une intelligence élevée. Désormais le travail et le talent jouiront des avantages qu'ils méritent, protégés par un gouvernement républicain, le seul favorable aux hommes utiles.

Tous. Ce que nous désirons d'abord, patron, c'est d'avoir toujours de l'ouvrage assuré pour vivre honnêtement et élever nos enfants.

Nicolet. Vous obtiendrez bientôt cette garantie du gouvernement; en attendant, je vous occuperai à des travaux qui ne me sont pas commandés, dussé-je perdre les avances que je ferai, pour ne pas renvoyer ceux de vous qui ont besoin de gagner leur vie de chaque jour.

Eloi. Nous savons, patron, que vous êtes notre protecteur et notre meilleur ami; malgré cela, vous ne pourrez pas toujours faire de pareils sacrifices, parce que vous êtes aussi père de famille. Alors, que deviendrons-nous?

Nicolet. Cette situation fâcheuse est inévitable; mais elle ne saurait durer long-temps encore, par suite des précautions qu'a prises le gouvernement provisoire. Personne plus que vous n'est intéressé à la supporter avec calme et résignation, en raison des immenses avantages que vous assurera la République, qui est le gouvernement choisi *par le peuple et pour le peuple.*

Mais comprenez bien qu'il s'agit de la population des travailleurs, et non pas des gens qui, parmi eux, la déshonorent, parce qu'ils prétendent vivre sans rien faire, et persistent dans leur fainéantise ou dans leur mauvaise conduite. Ceux-là sont indignes qu'on s'occupe d'eux; mais il serait injuste de ne pas assurer aux ouvriers laborieux le droit de vivre en travaillant, car c'est le plus sacré de tous les droits. C'est parce qu'il a été méconnu et repoussé par un gouvernement corrompu, qui exploitait la misère et les sueurs des travailleurs, que la révolution l'a anéanti à jamais, pour constituer une République qui gouverne par la souveraineté du peuple, c'est-à-dire en assurant à tous les travailleurs indistinctement les mêmes droits, les mêmes libertés et les mêmes protections; c'est pour cela que sa devise est : *Liberté, Egalité, Fraternité.*

Mais vous comprenez bien qu'il faut la même réciprocité de sentiments entre tous les citoyens, pour qu'il y ait réciprocité des avantages, c'est-à-dire *tous pour chacun* et *chacun pour tous.*

En dehors de cette maxime suprême de solidarité, il n'y a plus de justice comme il n'y a plus de garantie. Elle a été posée, cette maxime, par l'Evangile, qui est le véritable code républicain de tous les temps. Dieu l'a dictée aux hommes en ces termes : « Pour être tous frères, ne faites pas aux autres ce » que vous ne voudriez pas qui fût fait à vous-» mêmes. »

Or, vous savez que le gouvernement provisoire a proclamé la République d'après ces bases, dont il ne s'écartera pas; vous connaissez déjà sa sollicitude pour vous; il a détaché deux de ses membres qui s'occupent uniquement de vos intérêts et de vos besoins les plus urgents.

L'un d'eux est un homme connu par les livres qu'il a publiés, et par ses profondes études sur les gouvernements et les peuples, sur les principes qui doivent les diriger dans leurs divers rapports de riches à pauvres et de chefs à ouvriers; l'autre, qui lui est adjoint, est un simple ouvrier comme vous et moi, qui a l'expérience d'un travail dur, mal payé, répugnant; il connaît les besoins de la famille du pauvre ouvrier, ses craintes et ses dangers.

Ces deux hommes, pleins de foi et de courage comme leurs collégues placés aux autres postes du gouvernement provisoire, ont déjà abordé la solution des principales questions dont dépendent votre bien-être, votre avenir et celui de vos familles.

Tous. Pourriez-vous, patron, nous dire en quels termes cette question du travail sera résolue?

Le patron. Non, mes moyens ne me le permettent pas; mais posons cette question à un électeur plus éclairé.

Un électeur. Citoyens, vous devez laisser au gouvernement le soin de prendre les mesures qu'il croit les plus prudentes pour organiser le travail. Lorsqu'il sera éclairé par tous les éléments qui s'y rattachent, par le tribut des lumières spéciales et de l'expérience pratique des représentants qu'il vous charge de nommer, alors il décidera les travaux qui sont suscep-tibles d'une organisation immédiate, et se bornera,

pour les autres, aux améliorations les plus urgentes
en faveur des ouvriers, en attendant qu'il soit possible de les compléter. Voici les bases principales de
la question.

Les travailleurs ouvriers se divisent en trois catégories de professions bien distinctes, qui com-
prennent :

Les travaux d'art, ceux de construction ;

Les travaux d'industrie ou métiers divers ;

Les travaux d'agriculture ou de production du sol.

Les forces qui concourent au développement pratique de ces trois catégories, sont :

Le travail ;

Le talent ;

Le capital.

Il s'agit d'associer ces éléments d'une manière col-
lective, pour que ceux qui les possèdent soient récom-
pensés en proportion des résultats obtenus et en faisant une part équitable à chacun d'eux.

Un minimum d'existence doit être garanti au
travail.

Un avantage doit être affecté au talent.

Enfin le capital doit être à l'abri de toute éventua-
lité et avoir sa juste rente assurée.

Mais toutes les professions ne sont pas appelées à
être organisées de suite d'après cette règle équitable
de répartition.

Le gouvernement portera ses vues sur celles qui
sont le plus immédiatement susceptibles de l'être.

D'abord, les travaux d'agriculture ; ensuite les travaux d'art ; quant à ceux d'industrie, il faudra plus de temps et de précautions pour concilier les intérêts des chefs et des ouvriers et les associer, ainsi que cela a lieu, déjà, dans plusieurs industries spéciales.

Par un décret le gouvernement a pris quelques mesures générales : il a fixé la durée des heures de travail dans les ateliers, sans que le prix de la journée d'ouvrier fût diminué, ce qui permet à celui-ci de profiter d'un plus long repos, qu'il peut consacrer à son instruction ou à un autre travail. C'est déjà un bien-être ou une augmentation de salaire.

D'autre part il a aboli le marchandage dans certaines limites défavorables à l'ouvrier. Il serait déraisonnable d'exiger plus pour le moment, puisque les représentants traiteront prochainement les points de cette question en ce qu'ils ont d'applicable à la position actuelle des ouvriers, sans léser les intérêts de qui que ce soit.

Vous donner des prévisions à cet égard, ce serait vous exposer à une erreur. Je m'en abstiens ; mais, dans tous les cas, vous pouvez compter que dès cette année, on apportera une réglementation provisoire dans tous les travaux, qui sera profitable à tous, et particulièrement aux ouvriers.

Un faineant. Puisque la République a proclamé l'égalité, on pourrait, ce me semble, prendre aux riches pour donner aux pauvres. Pourquoi auraient-ils plus que nous autres ?

L'ÉLECTEUR. Misérable, vous devez être un fainéant méprisé de tout le monde pour votre inconduite.

Vous demandez la loi agraire, le partage des biens d'autrui ? Mais ce serait un vol ! Et vous osez l'avouer !

Le travail et le talent sont aussi une richesse, une richesse que vous ne possédez pas, mais que vous ne pouvez voler comme l'argent, dont vous feriez le plus mauvais usage. Si vous êtes pauvre et malheureux parce que vous refusez le travail, ne vous en prenez qu'à vous, vous n'avez pas le droit de vous plaindre : c'est justice.

ELOI. Qui est-il donc celui-là ? Nous ne le connaissons pas. Allons, arrière, vagabond !

L'ÉLECTEUR. Non, mes amis, cet homme n'est pas encore des vôtres ; mais bientôt on saura l'utiliser et en faire un ouvrier. Quand il verra surgir partout des travailleurs actifs, et qu'une existence convenable leur sera assurée, il ne voudra plus le bien des riches ; quand il saura que c'est par l'appui de leur fortune qu'il peut jouir de l'aisance, moyennant un travail utile, il participera à leurs biens sans chercher à s'en emparer par la violence ; au contraire, il sera un des premiers à les faire respecter.

Quant à vous, travailleurs, soyez fiers de votre dignité. Vos frères de Paris l'ont fondée sur les exemples les plus sublimes de dévouement à la patrie que l'histoire des révolutions ait enregistrés ; ils ont conquis pour vous la première place dans l'estime des nations, en rendant votre cause la plus sacrée de toutes les causes, *celle des défenseurs de l'ordre et des soutiens de l'humanité !*

La puissance du pays résidera désormais dans la souveraineté du peuple, c'est-à-dire, dans ses droits et ses libertés.

Tous. De quoi va-t-on s'occuper à l'assemblée constituante ?

L'ÉLECTEUR. La chose la plus pressante de toutes, sera de rétablir l'équilibre et la solidarité de tous les grands intérêts publics et particuliers, ébranlés par notre magnanime révolution.

On va fonder une constitution, la plus libérale de toutes, pour asseoir et régler définitivement tous les pouvoirs de l'état dans leurs formes, dans leurs rapports entre eux et avec les autres nations. On créera des lois organisatrices de tous les éléments producteurs de la richesse publique, en tenant compte, par une juste et équitable répartition, des forces et des intérêts qui y concourent, c'est-à-dire, le capital, le travail et le talent. Cette question concerne l'organisation du travail et des travailleurs ; c'est d'elle que dépendent les destinées du pays et votre avenir ; c'est-à dire, votre bien-être.

Désormais ce bien-être vous sera assuré par des garanties légitimes, impérissables. Mais, à cet effet, il importe que par votre concours vous envoyiez des républicains qui soient les interprètes fidèles et dévoués de vos besoins, chargés de les exposer, de les défendre et de réclamer de prompts secours pour les plus nécessiteux d'entre vous, jusqu'à ce qu'on ait pourvu régulièrement à leur position.

Je vous le répète, il faut que toutes les professions, tous les intérêts soient représentés à l'assemblée nationale, pour que le peuple ait confiance dans ses décisions, sur lesquelles il importe d'empêcher l'influence des vieux partis : c'est pour cette raison que les ouvriers et travailleurs doivent s'y trouver en majorité.

Je n'entends pas seulement par ouvriers et travailleurs, ceux d'entre vous qui exercent un état ou un métier; je comprends surtout ces honorables agriculteurs, qui, par leurs travaux, fécondent le sol de la patrie pour nourrir et vêtir leurs concitoyens.

Il n'est pas de profession qui exige des connaissances plus étendues, plus variées, et qui contribue plus puissamment à la prospérité nationale que celle du cultivateur.

A cet égard, les hommes des champs méritent à la fois la première place parmi les ouvriers et producteurs, et la plus grande sollicitude de la part du gouvernement pour leur avenir et leur bien-être.

Les travaux d'agriculture sont aussi les premiers susceptibles d'une organisation immédiate.

Les immenses avantages qui doivent résulter de cette organisation, pour l'existence des travailleurs, attireront de nouvelles populations dans les campagnes, en désencombrant les villes et les ateliers.

PLUSIEURS PATRONS ET OUVRIERS. Mais comment nous entendre entre nous pour porter nos voix sur ceux des candidats qui les mériteront le mieux?

L'ÉLECTEUR. Vous devez agir dans la plus grande liberté de conscience, craindre les influences dangereuses dont vous serez entourés; elles paralyseraient vos moyens d'action et vous feraient manquer votre but et celui du gouvernement.

Pénétrez-vous bien des instructions du ministre de l'intérieur sur les élections, adressées par lui aux commissaires du gouvernement. Vous y trouverez d'excellents conseils sur la conduite que vous avez à tenir.

Lisez aussi le manifeste du gouvernement provisoire au peuple français, pour vous pénétrer de la part importante que les travailleurs doivent prendre dans la représentation.

Assistez aux assemblées préparatoires, pour bien éclairer votre opinion sur les divers candidats; informez-vous bien de leurs capacités théoriques et pratiques, qui doivent embrasser les connaissances qui se rattachent à vos professions, sinon, ils ne pourraient apprécier votre position, votre travail ni vos besoins. Informez-vous de leur moralité, c'est-à-dire, de leur dévouement et de leur désintéressement en faveur de votre cause; il faut que leurs antécédents soient irréprochables, qu'ils aient donné des preuves de la plus grande équité à l'égard des travailleurs, dont ils auront dû être plutôt les amis que les chefs.

Vous serez d'ailleurs prémunis contre les fausses promesses et les apparences trompeuses des candidats, en vous renseignant auprès de vos patrons sur leurs antécédents.

Un patron aux ouvriers. Mes amis, je vais vous faire part des avis que j'ai recueillis auprès de tous mes confrères :

Les beaux phraseurs, ces diseurs de riens, écartons-les.

Les sophistes ou faiseurs d'arguments politiques, écartons-les.

Les égoïstes, qui n'ont rendu aucun service à la société, qui n'ont rien produit et qui n'ont pas de spécialité, écartons-les.

Les chefs d'intrigues, de coteries, qui ont toujours favorisé le népotisme le plus scandaleux, c'est-à-dire les préférences pour leurs parents, amis et adhérents, écartons-les...

Les hommes qui ont trahi leurs opinions, qui ont adulé tous les pouvoirs, qui cachent leur soif des honneurs et des emplois sous un faux patriotisme, ces hommes du lendemain qui se donnent pour ceux de la veille, écartons-les.

Nous ne devons pas nous en rapporter à de belles promesses, à des professions de foi banales, calquées les unes sur les autres ; exigeons des garanties plus positives, non verbales, mais écrites et signées des candidats, de ceux mêmes qui nous inspireraient le plus de confiance.

LES PATRONS ET OUVRIERS. Mais comment devons-nous procéder à l'avance pour être tous d'accord et unis, et agir avec un ensemble imposant, par nos convictions unanimes, en nous mettant à l'abri de toutes les influences? Devons-nous confier nos vues aux bureaux des assemblées préparatoires?

L'ÉLECTEUR. Non, non, mille fois non : votre liberté de conscience serait influencée ou étouffée par les partis.

Citoyens ouvriers et travailleurs, suivez le conseil que je vais vous donner. Vous le comprendrez facilement, vous n'aurez pas besoin des bureaux des assemblées préparatoires.

Au nom du plus grand nombre de patrons et d'ouvriers, annoncez, par des affiches placardées à l'avance, que tous les chefs, ouvriers et travailleurs de toutes les professions, se réuniront au jour et à l'heure les plus propices pour tous, dans un lieu convenable, où vous formerez une grande réunion et où nul autre que vous ne sera admis.

Là, vous vous classerez en un nombre impair de sections séparées, composées chacune du même nombre d'ouvriers, comme les compagnies d'un régiment.

Aussitôt que les cadres de ces sections seront formés au hasard, chaque section nommera un seul chef à mains levées.

Les chefs de section en nombre impair se réuniront à part et dresseront eux-mêmes la liste des candidats sur les rangs, en procédant de même entre
eux.

Chaque candidat sera proclamé successivement par
un des chefs de section, désigné à cet effet par la
majorité même de ces chefs et par le même procédé.

A chaque nom des candidats, on prendra l'avis de
chaque section, à mains levées et par ordre, c'est-à-
dire, en commençant par la plus rapprochée ou la
première, jusqu'à la plus éloignée du lieu où seront
réunis les chefs de section.

La liste des candidats ainsi faite à la majorité de
chaque section, on pourra recueillir ensuite la majorité des sections en faveur des candidats qui seront
les plus dignes et qui inspireront la confiance la plus
unanime.

En outre, les chefs de section désigneront un lieu,
où un registre sera ouvert pour recevoir les protesta-
tions motivées contre chacun des candidats en parti-
culier, et respectivement, jusqu'à une époque que
fixeront les chefs de section, pour que chaque candidat
puisse répondre avant les élections.

Une seule séance suffira pour obtenir ce résultat,
mais il importe qu'aucun chef ouvrier ou travailleur
n'y fasse défaut de présence.

Ce mode suppose que les ouvriers seront préala-
blement éclairés sur toutes les qualités des candidats,
et qu'ils se mettront individuellement à l'abri des in-

fluences mensongères de coteries et de partis, comme il importe à leur dignité et au but qu'ils doivent tous se proposer.

D'ailleurs cette mesure ne sera pas définitive, puisqu'elle n'aura pour effet que de concentrer librement les opinions des ouvriers électeurs sur le choix des candidats qui mériteront au plus haut degré leurs suffrages et leur confiance.

PATRONS ET OUVRIERS. Veuillez, citoyen électeur, prendre la parole à la prochaine assemblée qui aura lieu, et résumer, dans un discours, les idées que vous venez de nous exposer, pour que chacun de nous soit également instruit des moyens que vous proposez dans notre intérêt, ainsi que des conditions du programme auxquelles chaque candidat devra satisfaire.

L'ÉLECTEUR. J'y consens volontiers, invitez vos confrères à assister à la plus prochaine assemblée.

DISCOURS D'UN ÉLECTEUR.

Citoyens ouvriers et travailleurs,

Au nom du salut de la France, le gouvernement provisoire fait appel à votre patriotisme éclairé pour que vous ne soyez pas entraînés, dans le choix des représentants de la nation, par des apparences ou des promesses trompeuses.

Le moment approche où vous aurez à accomplir l'acte le plus solennel, le plus décisif pour les destinées de la France, la souveraineté de vos droits et vos libertés.

Il importe de vous prémunir d'avance contre les influences perfides qui pourraient fausser nos intentions et priver le gouvernement du précieux appui de votre concours.

Citoyens ouvriers et travailleurs,

Ne vous laissez pas diriger par des considérations de fortune, de position, ou par de vains titres. Ces avantages exclusifs d'une fatale époque ne présentent aucune des garanties que vous devez rechercher aujourd'hui dans le choix de vos représentants.

En effet,

Depuis long-temps les richesses de la France, produit de votre travail et de vos peines, ont été exploitées et dilapidées au profit du petit nombre de ces privilégiés du hasard, au préjudice de la masse des travailleurs, qui composent la majorité de la population, les plus utiles soutiens de sa prospérité.

Je vous le répète, citoyens :

Sous l'ancien régime, électeurs, éligibles et élus, avaient usurpé leurs droits et leurs priviléges par l'argent, la position ou la naissance, aux dépens du travail et de l'intelligence.

Cette aristocratie des temps passés a propagé la corruption et le népotisme dans toutes classes de la société, en exerçant sur elles une suprême tyrannie, dont les travailleurs étaient les premières victimes. Elle vient d'être renversée et anéantie sans retour, par une révolution magnanime en exemples d'humanité, d'héroïsme et de vertu, donnés par le peuple, qui revendiquait ses droits légitimes méconnus d'une société viciée dans tous ses principes.

Une régénération sociale démocratique est indispensable à la France; mais, pour être solide et durable, elle doit être fondée sur les besoins du peuple et s'accomplir par sa participation la plus directe, la plus consciencieuse et la plus libre.

Aujourd'hui l'instruction du peuple est avancée; il suffit d'en appeler à son jugement et à son expérience, pour lui faire comprendre l'importance des actes auxquels il doit apporter son concours.

Les hommes illustres et courageux qui gouvernent provisoirement la France, invoquent instamment le patriotisme intelligent et éclairé du peuple, pour qu'il désigne lui-même des représentants dignes de la patrie et de la haute mission qu'ils sont appelés à accomplir pour son salut; mission qui consiste à établir la solidarité de tous les intérêts, à les diriger et à les associer, pour qu'ils deviennent désormais profitables à tous, en faisant disparaître les fléaux de l'humanité, c'est-à-dire, *la misère, l'oppression, la guerre,* et le cortége des calamités qui en dérivent.

On ne saurait donc se montrer trop scrupuleux dans le choix des candidats à la représentation.

Je viens vous donner mes conseils à cet égard.

Les candidats doivent réunir des qualités intellectuelles et morales.

Les qualités intellectuelles consistent en des connaissances :

Positives,

Pratiques,

Et utiles.

C'est-à-dire, la science unie à l'expérience dans une ou plusieurs spécialités.

Les qualités morales consistent dans :

La droiture des sentiments,

D'honneur,

D'équité,

Et de fermeté,

C'est-à-dire, le sentiment national basé sur la conscience, la justice, et sur la volonté de faire le bien de tous sans aucune distinction, maintenant que tous les partis sont ralliés par un même élan de patriotisme.

C'est à ce double point de vue intellectuel et moral que vous devez apprécier le mérite des candidats. Il faut, par conséquent, des hommes nouveaux qui n'aient pas servi les vieux partis ou qui pourraient en constituer d'autres, hostiles aux principes républicains.

Leur vie privée antérieure sera le miroir fidèle qui réfléchira l'image de leur vie publique à venir.

L'esprit d'intrigue, de récrimination ou de coterie, qui encourage les préférences, détruit l'émulation et sème les divisions entre les travailleurs et ouvriers, doit être proscrit comme indigne de participer à l'œuvre d'une organisation nouvelle, de même que l'égoïsme et la vénalité.

Le programme des engagements à prendre par les représentants du peuple doit, d'après ce qui précède, s'énoncer dans les termes suivants :

1° Défendre sur leur honneur et aux dépens de leur vie les principes républicains, c'est-à-dire, la cause du peuple ;

2° Donner à leurs concitoyens des preuves fréquentes de leur dévouement et de leurs travaux à cette cause ;

3° Combattre l'intrigue, le népotisme, le cumul des places, et extirper les germes de ces éléments de discorde partout où ils subsistent encore ;

4° N'accepter aucun emploi rétribué, récompense ou distinction, pour eux, leurs parents ou adhérents, sans qu'une enquête préalable n'ait provoqué l'assentiment de leurs concitoyens.

Chaque candidat devra souscrire ces engagements et garantir leur réalisation, sinon, il ne serait pas digne de représenter la cause du peuple français.

Vive la République !

B. MARTIN,
Ingénieur civil.

BESANÇON, IMPRIMERIE DE J. BONVALOT.

www.ingramcontent.com/pod-product-compliance
Lightning Source LLC
Chambersburg PA
CBHW051244070726
47594CB00013B/3169